만인시인선·81

고양이별에게

변준석 시집

고양이별에게

만인사

시인의 말

시는 말을 버리고
말(言)의 절집(寺) 짓는 일

눈 쌓인 장독대 위 쏟아지는 별빛 되어
김치 익어가는 소리 엿듣는 일

시를 쓴다는 것은
봄볕 아래 잠든 아기고양이 수염처럼
바르르 마음 떨리는 일

그리하여 오래된 처마 끝에
댕그렁댕그렁
풍경 소리로 남는 일

차 례

시인의 말 ——————— 5

1. 신성리 갈대밭에서

느릿느릿 ——————— 13
눈여우 ——————— 14
물곰탕 ——————— 16
고양이별에게 ——————— 17
고래 ——————— 18
낙타 ——————— 20
번지 없는 주막 ——————— 21
가을 나비 ——————— 22
묘보살 열반상 ——————— 24
신성리 갈대밭에서 ——————— 25
하산 법문 ——————— 26

차 례

2. 아이스케키 4백 개

봄비 ———— 29

봄길 ———— 30

봄날의 몸살 ———— 32

별 ———— 33

아기고양이 한 마리의 무게 ———— 34

왜가리 ———— 35

아이스케키 4백 개 ———— 36

모기 친구 ———— 37

이사 ———— 38

콩 고르기 ———— 39

잎새 ———— 40

야간 산행 ———— 42

동백꽃 지다 ———— 43

차 례

3. 켈수스 도서관

장욱진 ——— 47

종이에 대한 명상 ——— 48

켈수스 도서관 ——— 49

돈두르마 ——— 50

천상병 생각 ——— 52

남신의주유동박시봉방 ——— 54

김광석 ——— 56

행복한 죽음 ——— 58

무언가無言歌 ——— 60

4. 민달팽이 만행

만행 ——— 63

직지直指 ——— 64

만어사 ——— 65

팔공산 중암암 ——— 66

차 례

대승사 산신각 —————— 67
만대루에 올라 —————— 68
만휴정 ———— 69
만복사 터에서 ————— 70
봉정사 만세루 ————— 72
백제산경문전百濟山景紋塼 ———— 73
천은사에서 ————— 74
선암사 길 ————— 75
운주사에서 비를 긋다 ————— 76
나무보살 친견하다 ————— 77
팔공산 운부암 ————— 78
나무 ———— 79

5. 길앞잡이

명창 ———— 83
수선화 ———— 84

9

차 례

소나기 —————— 85
여름밤에 쓴 시 —————— 86
새들의 밀어를 엿듣다 —————— 88
새들과의 회식 —————— 89
길앞잡이 —————— 90
등긁이 —————— 91
김제에서 —————— 92
월천공덕越川功德 —————— 93
겨울 나무 —————— 94
겨울밤 —————— 95
능소화 —————— 96

|시인의 산문|
묵음과 득음 사이 —————— 97

1
신성리 갈대밭에서

느릿느릿

달팽이여
느릿느릿
기어가시라
빛의 속도로 자본이 이동하는
어질머리 5G 모바일 시대를
이차원의 몸짓으로
천천히 기어가시라
두리번두리번
중심을 향해 질주하는
저 문명의 횡단보도를
진양조 가락으로
느릿느릿
건너가시라

눈여우

젊은 날 설산을 헤매다
눈여우를 만났네
새하얀 눈여우에 홀려
즐겁게 홀려
반백이 되도록
눈길 십만 팔천 리 걸었네
그새 머리 위에는 눈이 쌓여
멀리서 보면 나도
영락없는 한 마리 눈여우가 되었네
이 세상에 눈여우가 어디 있느냐
말하는 이도 있지만
그대,
부디 조심할지니
어느 날 눈길 위에서 불쑥
눈여우를 만날지도 모를 일이니
그 여우에 홀려
십만 팔천 리 눈길을 헤맬지도 모를 일이니
즐겁게 헤맬지도 모를 일이니

그대,
한 마리 눈여우가 될 때까지

물곰탕

푸석푸석한 얼굴로 일어난 아침
영덕 바닷가 허름한 식당
쩔쩔 끓는 아랫목에 퍼질러 앉아
물곰탕을 먹는다.
지지리도 못난 놈 제 살 허물어
시원한 한 그릇 국을 이루었구나
땀 뻘뻘 흘리며
후루룩 쩝쩝 소리 내어가며
물곰탕 먹고 있는 나는
참 지지리도 못난 놈이다
지금까지 살아오며
그 누군가를 위해
일찍이 내 살 허물어준 적 없으니
쓰린 남의 속 한 번
시원하게 달래준 적 없으니

고양이별에게

함께 살던 고양이가
세상을 떠났다

세상을 떠난 고양이는
고양이별에 간다고 한다

하늘을 쳐다보면
냐옹냐옹 소리가 난다

이 밤도 잠 못 이루고
밤하늘 별 바라보며

나 홀로 지구별에서
냐옹냐옹 울고 있다

고래

겨울 장생포에 갔다
고래는 바다에 없고
박물관에 전시되어 있었다
고래는 먼 옛날 뭍에서 살았는데
먹잇감 찾아 바다를 들락날락거리다
바닷속을 헤엄치며 살아가는
거대한 포유동물이 되었다 한다
퇴화한 뒷다리의 흔적이
등뼈에 남아 있었다
이 풍진세상
우리 인간들도 먹잇감을 찾아 헤매다
자본의 바다에 풍덩 뛰어들어 살아가는
그런 동물이 될까봐 나는 문득 두려워졌다
내 등에도 작살이 날아와 박힐까봐
몸서리쳐졌다 끝내
이 세상에 인간은 없고
그 흔적만 돈으로 만든 박물관에 전시되는
그런 날이 올까봐 서글피졌다

장생포 고래박물관을 나와서
찬바람 맞으며 몹시 떨었다

낙타

빠릿빠릿 사느라고
그동안 애 참 많이 썼다
초등학교 입학식 날 줄서기부터
육군 훈련소 선착순까지
아파트 청약 신청부터
코로나19 마스크 구매까지
속도가 곧 존재였는데
넘어지는 걸 두려워하는
넘어지면 다시 일어설 자신이 없는
그런 나이가 다 되어서야
알게 되었다
빠릿빠릿은
중요하지 않다는 것을
백 리 밖 물 냄새를 맡고
사막 걸어가는
저 낙타의 걸음걸이를 보라

번지 없는 주막

자기 땅 한 평 없는
이 땅의 온갖 잡놈들 불상놈들
쩔쩔 끓는 봉놋방에 모여 앉아
땀 뻘뻘 흘리며 국밥 한 그릇씩 말아 먹고
모주 한 잔에 불콰해진 얼굴로
고래고래 소리지르며
해방을 꿈꾸는 곳
그런 곳은 번지수 없어야 하리
이 땅의 주막들
마땅히 번지 따위 없어야 하리

가을 나비

낙엽인가 했는데
나비였다
늦가을 오후
침침한 눈길 더듬으며
산을 내려오는데
폴폴폴 떨어져 나리는 게
낙엽인가 싶어 보았더니
나비였다

봄날 파릇한 새잎이었을
저 이파리가
이제 낙엽 되어 지는가 싶었는데
나비였다
낙엽더미 위에
날개 접고 앉아
숨 모으고 있는
나비였다

저리도 가벼운
또 하나의 목숨이었다

묘보살 열반상

만행 중이던 묘보살猫菩薩
달려오는 자동차에 그만
열반하셨다
본래무일물이니
구태여 남길 것 무어 있겠냐마는
사리 일과 남기지 않고
고양이별로 조용히 입적하셨다
노상을 떠돌다가
노상에서 죽어
그 노상에 복지부동
자동차 바퀴들의 무수한 윤회 끝에
이제는 길과 하나 되어가는
제 스스로 길이 되어가는
묘보살의
저 고요한 열반상涅槃像

신성리 갈대밭에서

금강 하류의 묵언 속
찬 서리 밟고 서 있는
갈대를 보라
바람 잔 겨울 아침
일 년 치 적막을 준비하는
갈대를 보라
서리 내린 빈 들녘처럼
침묵으로 뉘우쳐 보라
고요한 강물 위 철새들은
자취를 남기지 않고 날아간다
겨울 아침
신성리에 가 보라
비어 있는 중심으로 서 있는
마른 갈대를 보라

하산 법문

마사토 알갱이 하나
등산화 안으로 들어와 돌아다닌다

등산화 벗기 귀찮아 그대로 걸었더니
발 딛는 곳마다
살얼음판 아니면 불판이다

지나온 길 지나갈 길
살얼음판 아니면 불판 아닌 곳
어디 있으랴

마사토 알갱이 하나
수미산보다 크다

2
아이스케키 4백 개

봄비

물푸레나무에 내리는
봄비는
물푸레나무만큼 푸르고

오리나무에 내리는
봄비는
오리나무만큼 푸르다

저 나무들 아래 서서
봄비 맞으며
나도 나만큼 푸르러진다

봄길

길 떠나기야
봄날이 좋지
세포마다 꽃눈 피어
온몸이 근질근질할 때
경산 지나 청도
운문사쯤으로 길 떠나보라
점심 공양 알리는
쇠북 소리에
울력 나갔다 돌아오는
비구니들처럼
그 발길 아래
나직이 흔들리는
장다리꽃들처럼
하늘하늘 떨어져 내리는
벚꽃 길 밟고 가노라면
이 지구 맞은편에서도
그 누군가 나처럼
길 떠나고 있을까

짧기는 해도
길 떠나기야
봄날이 좋지

봄날의 몸살

꽃은 식물들의 몸살
물이 오른 팔다리가 쑤시고
봄밤 잠 못 이루고 뒤척이다가
마마 자국처럼 여기저기 툭툭 터져 나오는 것

아지랑이는 대지의 몸살
열에 들떠 눈앞이 어질어질할 때
땅덩어리도 견디지 못하고
신음하며 내뿜는 뜨거운 입김

이 봄날
몸살 나서
대책 없이 몸살이 나서
한 며칠 누워
부르르 오한에 떨며
나도 꽃 피워 보고 싶을 때

별

사람들에게는
자기 별이 하나씩 있다
어린 왕자에게
B612라는 별이 있었듯이
저 밤하늘 어딘가에
나의 별도 있음을 믿는다
공해로 흐려진 도시의 밤하늘
별이 보일 리 없지만
내가 밤하늘을 쳐다볼 때
그 별도 나를 보고 있을 것이다
별이 반짝일 때
내 가슴 반짝인다

아기고양이 한 마리의 무게

딸아이 성화에
아기고양이 한 마리 입양했네
고, 작고
귀엽고
몽실몽실한 것
공기처럼 가볍게 다가와
"야옹"
내 발목 비벼대는
그, 무겁디무거운 생명

왜가리

 세 살배기 아들 녀석이 왜가리 새끼처럼 왝! 왝! 소리 지르며 경중경중 뛰어다닙니다 그 짓 바라보노라니 나도 한 마리 왜가리 되고 싶습니다 초승달처럼 웃는 눈으로 왝! 왝! 소리를 지르며 그 곁에서 경중경중 뛰어다니고 싶습니다

아이스케키 4백 개

달음산 꼭대기에
아이스케키 파는 사내 있다
매일 아침
아이스케키 4백 개 지고
땀 뻘뻘 흘리며 올라와
다 팔면 내려간다
그 사내 인생
아이스케키만큼이나 쿨하다

나도 이 세상에
시 4백 편 지고 올라와
그 시들 다 팔리기만 하면
뒤도 돌아보지 않고
그냥 하산할까 보다

모기 친구

언제부턴가 눈앞에
모기 한 마리 날고 있길래
안과병원 갔더니 비문증이란다
나이 들면 흔히 나타나는 증상이니
신경 쓰지 말고 지내란다
하기야 쓸쓸한 오후 내리막길에
모기 같은 친구라도 동행하면
그리 적적지는 않겠다
앵앵 이명 소리마저 들린다면
더욱 좋겠다

이사

이사를 했다
화분에 심은 소사나무
한 그루도 따라왔다
몸살 앓는지 이파리가
후두둑후두둑 떨어졌다
아파트 유목민
나도 며칠 앓아누웠다
베갯머리에 흰 머리카락
한 움큼 빠져 있었다

콩 고르기

 환갑을 훌쩍 넘긴 할아버지가 형광등 불빛 아래 앉아 올해 농사지은 콩을 고르고 있는데 다섯 살 먹은 손자 녀석 쪼르르 달려와 저도 일손이라고 끼어든다 어린놈이 무슨 일인들 제대로 하겠는가마는 할아버지는 그 손자 덕분에 돋보기 안이 화안해진다

잎새

가을 되어 찬 바람 불면
이 땅의 마른 잎새들
나뭇가지 끝에 모여 앉아
온몸을 부르르 떨지
그러다 힘이 달리면
한 마리 새 되어 날아오르지
북풍에 몸을 맡기고
끼룩끼룩 울어대며 날아오르지
남지나해 건너서
메콩강 삼각주쯤에 내려앉겠지
개펄 위를 겅중겅중 걸어다니고
부리도 콕콕 쪼며
한겨울 나겠지
그러다 봄이 오면
날개에 힘이 올라
먼 바다 건너오겠지
나뭇가지 가지마다
한 마리씩 가 앉겠지

결코 길 잃지 않고
작년에 앉았던 그 가지에 꼭 그대로
파아랗게 파아랗게
내려앉겠지

야간 산행

해가 지고
어둠이 내리면
산을 오른다
빛이 없다고
길까지 없으랴
달빛이 구름에 가리면
별빛에 길을 물어
어두울수록 더 밝아지는
밤눈 크게 뜨고
저 어둠을 향해
힘차게 내딛는
이 한 걸음

동백꽃 지다

동백꽃 한 송이
소리 없이 떨어진다

호상好喪이다

_# 3
켈수스 도서관

장욱진

덕소로
수안보로
옮겨다니며
술 마시고
까치 그리다
터벅터벅
서쪽 하늘로
가버린 사람

심플하게

종이에 대한 명상

　종이는 나무로 만든다 종이는 나무의 유골이다 나무에는 나이테가 있어 자연의 숨결이 새겨지는데 나무로 만든 종이에는 인간이 이루지 못한 꿈들이 기록된다 수십 년째 풍찬노숙 내 시들을 위해 한 권의 시집 만드는 것은 나무 미라를 만드는 일 자연의 숨결 유리 상자 속에 넣어 천년만년 간직하고자 하는 부질없는 짓

켈수스 도서관

2세기에 지어졌다는 에페소의 켈수스 도서관 수많은 장서들 다 사라지고 지금은 여신들이 지키는 파사드만 남아 있네 사도 바오로가 보낸 편지라도 대출할 수 있으려나 안으로 들어서니 고양이 사서들 나란히 앉아 에게 해 푸른 표지 열람하고 있네

돈두르마

무너져 내린 아폴론 신전 옆
지중해 바라보고 자리 잡은 노전에서
돈두르마를 주문했다
가게 주인은 긴 쇠막대기 끝에
쫀득쫀득한 돈두르마 붙여
가게 밖의 나에게 내밀었다
그 달콤하고 시원한 돈두르마 받으려고
손 내밀었으나
나의 손은 매번 허공을 움켜쥘 뿐이다
수염이 덥수룩한 가게 주인은
쇠막대기를 요리조리 돌리면서
어디 한번 잡아보시라는 듯 씨익 웃고 있다
그게 장난인 줄 뻔히 알면서도
은근히 약이 오르고 오기가 발동한다
애써 잡겠다는 마음 내려놓을 때쯤
가게 주인이 내 손에 돈두르마 건네준다
그래 내 돈 주고 사더라도 다 내 것은 아니지
무너져 내린 아폴론 신전 바라보며

백주대낮 밀당 끝에 얻은
돈두르마를 핥아먹는다
시 한 줄 얻기가 이리도 어렵다
내려놓아야 얻을 수 있는
곧 녹아 없어질

천상병 생각

인사동 찻집 귀천歸天에 앉아
유자차 마시며
이 세상 즐겁게 소풍 와서 놀다가
하늘로 돌아간
천상병 시인을 생각한다

한 번도 만난 적 없지만
하늘나라에서도 그는
여전히 희희낙락하리라
고삐 풀린 자본주의 시대에
나도 어쩌다 시 쓰는 사람 되어
불혹을 넘긴 머리에는
흰 머리카락 하나둘 늘어만 가는데

이 즐거운 소풍날
보물찾기도 하고
손수건 돌리기도 하며
천진난만하게 살다가

유치찬란하게 죽을 수는 없을까
이런 생각하며 유자차 마시고 있는데
맞은편 자리에 앉아
천상병 시인 덕담하신다

―괜찮다 괜찮다 괜찮다
　다 괜찮다

남신의주유동박시봉방

남북통일 되면
꼭 하고 싶은 일 하나 있지
남신의주 유동 박시봉
그 목수네 집 문간방에
한 달쯤 세 들어 사는 일이지
그새 집 주인이 바뀌어
이 씨면 어떻고 김 씨면 또 어떠리
세상 같은 건 더러워서 버리고
외풍 센 그 방 흰 바람벽에 기대어
백 년 전 이 땅에 온 한 사내의 시집 읽노라면
내 영혼 한 그루
정한 갈매나무 되리니
푹푹 눈 나리는 날에
흰 당나귀 타고 시인의 무덤 찾아
맑은 소주 한 잔 올리고
응앙응앙 소리 내어
울어봐야지
외롭고

높고
쓸쓸하게
울어봐야지

김광석

굳이 나이를 따지자면
내 고향 아우뻘 되는,
대봉동 번개전업사 막내,
노래 하나
기가 막히게 잘 부르던,
부모님께 큰절하고
입영열차 타러 대문 밖을 나서던,
너무 아픈 사랑은
사랑이 아니었기에
서른 즈음에
인생의 쓸쓸함 알아버린,
한 치 앞도 보이지 않는
어두운 밤의 가운데 서서
나의 노래는 나의 힘일지니
일어나
너무 쉽게 변해가는 사람들 향해
일어나라고 외치던,
뭐가 그리 바빴던지

기타 하모니카 그대로 남겨두고
마치 아무 일도 없던 것처럼
후딱 떠나버린,
네 바퀴로 가는 자전거 타고
훌쩍 떠나버린,
잊어야 한다는 마음으로
내가 알지 못하는
머나먼 그곳으로 떠나버린,
사랑했지만
그대를 사랑했지만
뒷모습 늘 쓸쓸했던,
매일 이별하며
매일 그리운,

행복한 죽음

피아노의 시인
쇼팽과 이웃하여 살았던
피아니스트이자 작곡가가 있었다

알캉* 그는
책장에 꽂힌 책을 뽑다
책장이 쓰러지면서
쏟아져 내리는 책더미에 깔려
죽었다고 한다

받아적기 벅찰 만큼
한꺼번에 쏟아져 내리는 음표들 속에서
그는 행복했을까
작렬하는 건반들 사이
은둔과 복귀 반복한 그의 삶은
또 그의 죽음은
어느만큼 행복했을까

불협화음의 시대를 살면서
한밤중에 자다 깨어 다시 잠 못 이루고
그의 피아노 소나타 들으면서
나도 행복한 죽음을 꿈꾸어본다

어느 날 내 책장에 꽂힌
시집 한 권 뽑다가
와락 책더미에 깔려
쏟아져 내리는 찬란한 모국어에 깔려
행복하게 죽는 꿈을 꾼다

*Charles-Valentin Alkan(1813~1888)

무언가無言歌

자기 노래는
한 곡도 부르지 않고
평생
남의 노래 반주만 해주다 떠난
피아니스트가 있습니다

제럴드 무어*

*Gerald Moore(1899~1987)

4
민달팽이 만행

만행

산길 걷다 만난
민달팽이 보살님
만행 떠나신다
여린 몸뚱이 가려줄
가사 한 벌 없이
계곡 물소리도 못 들은 척
묵언정진 중이시다
잠시 배낭 벗어놓고
나도 그 앞에
오체투지한다

직지直指

  어느 스님 한 분, 선산 태조산 도리사에서 '절을 한 채 지어야 할 텐데 어디 좋은 자리가 없을까' 하고 바라보다가 그냥 손가락으로 딱 가리킨 곳이 김천 황악산 자락인데요. 그래서 그 절 이름이 직지사가 되었다고 하는데요. 이런 얘기 듣고 '도대체 그 자리가 어떤 자리일까' 하는 호기심에 어느 가을날 기어코 직지사를 찾아갔더랬지요. 아, 그랬더니 직지사는, 이 돌팔이 풍수가 보기에도 정말 딱 알맞은 자리에 딱 알맞게 자리잡고 있는 것이 아니겠어요. 그때 나는 깨달았지요. 아―, 이른바 명당자리라고 하는 것은 그냥 손가락으로 한 번 딱 가리켜서 찾는 것이구나. 제 마음자리 하나 똑바로 가리키지 못하는 시인은 얼굴 붉히며 단풍 숲길 걸어 나왔더랬습니다.

만어사

저 많은 물고기들은
어디서 헤엄쳐 와
이렇게 불국토를 떠받치고 있는 걸까

이 자리에 앉으면
부처나 중생이나 모두
한 마리 물고기가 되는 것일까

벚꽃 잎
비늘처럼 떨어져 내리는
봄날의 절 마당

팔공산 중암암

팔공산 중암암 돌구멍절
바위 사이 돌구멍 안에
집도 있고 절도 있다
부처도 있고 중생도 있다
극락도 지옥도 다 있다
천 길 낭떠러지 위에
해우소도 있다
정월 초하룻날 볼일 보면
섣달그믐 되어서야
바닥에 툭 떨어진다

대승사 산신각

　기묘년 새해 아침 싸락눈 밟으며 사불산 대승사 찾았습니다 법당 앞 목련나무 두 그루 벌써 꽃눈 촛불 달고 화안하게 마당 밝히고 있었고 대웅전 뒤 양지바른 언덕에는 이철수 목판화에서 본 산신각 앙증맞게 서 있었습니다 그 앞에 쪼그리고 앉아 볕바라기 하면서 나도 한 채 산신각이 되고 싶었습니다 눈망울 선한 호랑이 한 마리 데리고 이 산 저 산 백두에서 한라까지 양지바른 곳에 서 있고 싶었습니다

만대루에 올라

어느 볕 좋은 가을날 병산서원 만대루 찾아갔습니다. 지난날의 내 삶처럼 고르지 못한 비포장길가에는 먼지를 뒤집어쓴 붉은 고추 부끄럽게 서 있었고, 구절초 한 떨기 서원 뒤뜰을 고요히 지키고 있었습니다. 길 잃은 나나니벌 한 마리 외롭게 날고 있는 뜨락을 지나 만대루에 올랐습니다. 병풍을 펼쳐놓은 듯한 앞산은 점점이 붉고 노란 단풍이 들어 흐르는 강물에 얼비치고, 저무는 강물은 저 혼자서 더욱 깊어가고 있었습니다. 나는 난간에 기대어 그저 "아, 좋다. 아, 좋아." 소리만 연발할 뿐이었습니다. 아! 그렇지요. 우리가 나이 들어 만나야 할 것들이 이 산과 이 강과 마루를 스쳐가는 이 맑은 바람 그리고 그 밖에 또 무엇이 있겠습니까? 나는 텅 빈 마음 되어 이 세상에서 가장 든든한 노후보장보험 하나 들고 돌아왔습니다.

만휴정

나이 먹는 일이
때로는 다리 건너는 일과 같아서
다리 건너기 전에는 보지 못했던 것을
다리를 다 건너 뒤돌아서서야
비로소 보게 될 때가 있다
길안면 묵계리 만휴정
세상길에 지친 두 발을
계곡물에 담그고 누워
내 젊은 날 듣지 못했던
물소리의 깊은 침묵을 듣는다
모든 생각 여기 내려놓고
나 이제 저 구름집처럼
고요히 쉬고 싶다

만복사 터에서

해 질 무렵
만복사 터에
풍경 소리 끊어지고
그 많던 스님들 열반하듯 떠난 뒤
쓸쓸한 풀벌레 소리와 찬연한 노을빛으로
절은 완성되는 것 아닐까

풀잎들 바람결 따라 눕고
그대 마음도 추억처럼
조용히 따라 누울 때
말 없는 저 돌부처님이랑
저포놀이라도 해보라

이름 모를 그대의 처녀 만나
이루지 못할 사랑 나누어보라
사랑도 어쩌면
절과 같은 것은 아닐까
이별의 눈물로써 완성되는

해 질 무렵
풍경 소리조차 무너지고 없는
만복사 터에 가서 보라
마침내 완성되는
한 사랑을 보라

봉정사 만세루

  안동 봉정사에는 만세루만 있더라 대웅전도 극락전도 없고 만세루만 있더라 일주문 지나 언덕배기 올라서면 첫눈에 들어오는 만세루 단청 하나 없어도 첫눈에 반하는 만세루 돌계단을 걸어 올라 만세루 아래 지날 때 사람들아 고개 뻿뻿이 들고 들어오다가는 마음 들고 들어오다가는 천장에 이마 부딪히리라 문지방에 발 걸려 꽈당탕 마음 넘어지리라

백제산경문전百濟山景紋塼

이렇게 그윽한 세상 또 어디 있으랴 구름 첩첩 산 휘돌아 흐르고 산은 구름 속에 자재하시네 어느 모퉁이 있는 듯 없는 듯 작은 암자 하나 호젓이 숨어 있어 선정에 든 노승이 법열에 이렇게 고요한 세상이 또 어디 있으랴 아득한 하늘가 백제의 솔바람 소리 풍경 소리 반짝이네

천은사에서

저 많은 물들 도대체
어느 샘 속에 숨어 있다
이 아침
이렇게 한자리 모여
청아한 목소리로
독경을 하시는 걸까

그 소리 따라
내 시린 눈동자
한걸음에 성큼
해탈문 들어서네

선암사 길

　선암사 부도밭 장승박이 지나 산문 들어서면 호젓한 정신의 숲길 승선교 아래서 세상길에 지친 두 발 계곡물에 담그고 강선루 바라보고 싶네 산그늘 내리는 숲속 어디선가 뻐꾸기 소리 열반송처럼 들려오리 누각에 달빛 비치고 날 데려갈 선녀 내려오면 비단 서역길 말없이 걸어가는 낙타와도 같이 나 저 허공 터벅터벅 걸어 서쪽 하늘가 한 점으로 사라지려네

운주사에서 비를 긋다

부처님 뵈러
산길 돌아다니다
비를 만나
잠시 운주사 처마 아래서
비를 긋는다
숲속에는 푸른 비 내리고
처마 끝에서는 낙숫물 듣는데
나비는 어느 꽃잎 뒤에서
젖은 날개 쉬고 있을까
나도 당신 곁에 나란히 누워
밤하늘 별 헤다
한 천 년쯤 잠들고 싶다

나무보살 친견하다

   소백산 비로봉에서 연화봉으로 겨울 칼바람 맞으며 걸었네 푹푹 쌓인 눈이 발목 부여잡고 좁다란 등산로 옆에는 키 작은 나무들 가지 뻗어 내 머리 후려치네 이 자식, 인사 똑바로 안 해? 호통치면서 모자 낚아채기도 하네 길가의 나무들에게 꼬박꼬박 절하며 걸었네

   나무관세음보살
   꾸벅꾸벅 삼보일배 드리며
   눈 덮인 산길 걸었네

팔공산 운부암

구름 위에

떠 있는

절집 한 채

스님은 묵언 중

두꺼비 한 마리

절집 마당

가로질러 가네

나무

오늘도
이른 아침부터
새들 불러 모아
동냥젖 먹이시는
저, 푸른 손의
천수관음보살님

5
길앞잡이

명창

여름날
이른 아침부터
매미가 운다
그 소리
쨍쨍하다

득음했구나

수선화

남들 다투어 꽃 피울 때
고요히 침묵하겠습니다

그 꽃들 다 지고 난 뒤
홀로 꽃 피우겠습니다

다른 꽃들 고개 들고 아름다움 자랑하기에
부끄런 얼굴 고개 숙이겠습니다

은은한 향기로 남아
만 리 길 가겠습니다

소나기

누군가를
등에 업거나
누군가의
등에 업혀서

소나기로 불어난
이 세상 개울물
아,
건너갈 수
있다면……

여름밤에 쓴 시

도시에 사는 게으른 시인이
여름날 시골집에 갔더랬어요
일찌감치 저녁 먹고 자리에 누웠는데
보름 달빛 너무 환해 잠이 오질 않는 거예요
마당 한 켠 꽃밭에서는
풀벌레들이 이렇게 노래했지요
이 게으른 시인 같으니라구
달빛 이리도 밝은데
또 바람은 설렁설렁 꽃대궁 간질이고 있는데
그래서 나는 이렇게 소리 높여 노래하고 있는데
그대는 왜 노래를 부르지 않는 거냐고
밤새들도 저렇게 온밤을 새우며 노래하고 있는데
일찌감치 잠자리에 눕는 것은
시인으로서 직무유기 아니냐고
아무리 게으른 시인이라도
오늘 같은 여름밤에는
자지 말고 노래 한 곡 불러야 하지 않겠느냐고
그래서 이 게으른 시인

자리에서 벌떡 일어나
달빛 아래 꿇어앉아 반성문 쓰듯
이렇게 한 편의 부끄러운 시를 썼다고 하는군요

새들의 밀어를 엿듣다

봄날
산길 걷노라면
이쪽 골짜기에 사는 새가
저쪽 골짜기에 사는 새 부르는 소리
들려온다
이 봄날
새들도 저 꽃들처럼 몸이 달아
저렇게 청아한 음성으로
서로가 서로를 부르는 것일까
예쁜 연인들이 주고받는
사랑의 밀어 엿듣기라도 한 것처럼
괜히 얼굴 붉어져
산길 내려온다

새들과의 회식

 주차장 나무 그늘 아래 차를 세워두고 퇴근시간 되어 나와 보니 내 자동차 위에 새들이 똥을 싸놓았다 그것도 아주 푸짐하게 싸놓았다 어쩌면 오늘이 어느 새의 생일일 수도 있고 아니면 어느 새의 연주회가 끝나고 모여 뒤풀이를 했을 수도 있지 않은가 오늘 연주가 어땠다는 둥 재재발거리며 신나게 먹고 쌌을 수도 있지 않은가 이런저런 생각하며 새똥을 닦고 있노라니 나도 그들의 회식자리 말석에 끼여 앉아 신나게 호박씨 까며 배 터지게 먹고 싶어진다 나뭇가지 위에 그들과 나란히 앉아 엉덩이 까고 똥 한 무더기 시원하게 싸놓고 싶어진다

길앞잡이

길앞잡이 한 마리
내 앞에서 톡톡 튀어간다
가까이 다가가면
저만치 톡 튀어 내 앞으로 가고
또 가까이 다가가면
또 톡 튀어 내 앞으로 간다
쳇! 기껏 벌레 한 마리의
길 안내 받다니!
고개 숙여 생각해보니
나무 한 그루 바위 하나
이 세상 모든 것이
길앞잡이 아닌 것 없다
길앞잡이는
나의 도반

등긁이

알갱이 다 빼먹고 빈 옥수수자루에 막대기 하나 꽂아서 말리면 등긁이가 되지 손이 닿지 않는 구석구석까지 시원하게 긁어주는 훌륭한 등긁이 되지 아직은 내 치아도 저 옥수수 알갱이들처럼 가지런하지만 나이 들면 하나둘 빠져 언젠가는 빈 옥수수자루처럼 되겠지

   그대의 손이 닿지 않는 그곳까지
   그대의 손처럼 시원하게 긁어주는
   한 자루 등긁이가 되겠지

김제에서

그저
너른 들녘이고 싶었습니다
따가운 햇살 아래
일렁이며 익어가는 저 벼포기들처럼
제 마음
고개 숙이며 여물고 싶었습니다
그리하여
평등한 사랑이고 싶었습니다
동학년 그날의 함성으로
하늘 끝 닿은 피 묻은 그리움으로
지평선 되어 눕고 싶었습니다

월천공덕越川功德

이 세상 여울길에
다리가 되었으면
튼실한 돌멩이 몇 개 모여
이 마을에서 저 마을로
엿장수 건네주는
징검다리가 되었으면
그 신명나는 가위질 소리도
함께 건네주는
한 줄기 징검다리가 되었으면
이 한세상 나도
그렇게 건너갔으면

겨울 나무

겨울산을 내려오면서 보았네

나무들이 마냥
봄을 기다리고 있는 것이 아님을

일찌감치 꽃눈 달고
눈보라 속에서 환하게
봄을 만들고 있는 것을

세찬 바람에
제 몸 흔들며 흔들며
저렇게 온몸으로
봄을 만들고 있는 것을

겨울밤

그대의 아랫목
자글자글 덥힐
군불이 되고 싶네
겨울밤
창밖에는 눈이 펄펄 날리는데
나는
한 공기 더운밥 되어
동치미 국물 되어
그대 안으로 들어가고 싶네
사랑하는 이여
뒷산에 쌓인 눈이
다 녹을 때까지

능소화

늦바람이라도 난 걸까?

봄꽃 다 지고 난 뒤
몰래 담장을 타넘는

저
눈먼 사랑

|시인의 산문|

묵음과 득음 사이

*

낯선 곳으로 떠날 생각을 하면 가슴이 먼저 두근거린다. 어떤 풍광이 날 기다리고 있을지, 어떤 사람을 길 위에서 만나게 될지, 또 어떤 음식이 맛있는 냄새를 풍기며 내 앞에 놓일지 설렌다.

나의 마음을 가장 끄는 곳은 폐사지이다. 탑 하나 덜렁 남아 있거나 석불 좌대 홀로 쓸쓸하게 남아 있는 빈 터에서 나는 역설적이게도 불교 사찰의 완성된 형태를 본다.

세상 모든 것은 세월의 흐름과 더불어 사라지는 것이 자연의 섭리이다. 불가에서 말하는 공 사상〔五蘊皆空〕과도 부합하는 곳이라 여겨 남원에 가면 만복사 빈 터에 굳이 들른다. 김시습의 『만복사저포기』의 배경이기도 하지만, 오랜 세월이 허물어놓은 절집의 황량함 때문이다. 그 텅 빈 공간이 지니는 위엄과 울림이 더 강렬하게 내게 다가온다.

느릿느릿 달팽이 걸음으로 만행길에서 만났던 풍경들, 「직지」, 「만어사」, 「대승사 산신각」, 「선암사 길」, 「운주사에서 비를 긋다」 등의 시편을 얻었다.

*

여행은 결국 자기를 찾기 위한 떠남이니, 진정한 여행은 길을 잃는 순간부터 시작된다고 할 수 있을 것이다. 낯선 도시에서 길을 잃고 헤매면서 나를 되돌아볼 기회가 생겼다.

튀르키예(여행 당시에는 터키)의 시데라는 곳에 있는 아폴론 신전 유적지를 둘러보고 터키식 아이스크림인 돈두르마를 사 먹으면서 덤으로 시를 얻었다. 무언가를 얻기 위한 집착이 얼마나 허망한가를 무너져 내린 신전과 곧 녹아 없어질 아이스크림을 통해 깨달으면서 「돈두루마」, 「켈수스 도서관」, 「행복한 죽음을 꿈꾸다」 등의 시편을 썼다.

*

나는 불교 신자가 아니다. 하지만 불교에 대해 호의를 갖고 있는 것은 사실이다. 생명 존중 사상〔不殺生〕, 모든 사람이 부처〔皆有佛性〕라는 평등 사상, 오늘도 좋은 날〔日日是好日〕이라는 낙관적 인생관에 기꺼이 동의하기

때문이다.

나는 『마조록』, 『운문록』, 『조주록』 등 조사들의 선어록(禪語錄)을 즐겨 읽는다. 언어를 사용하여 언어 너머의 세상을 보여준다는 점에서 시와 선은 상통한다고 생각한다. 그래서 시선일여(詩禪一如)다. 김수영 식으로 표현하자면 〈취할 순간조차 마음에 주지 않고/나타와 안정을 뒤집어 놓은 듯이/높이도 폭도 없이/떨어져야〉(「폭포」에서) 시를 쓸 수 있는데, 겁이 많은 나는 이게 안 되어 시를 제대로 못 쓴다.

한 소식 들은 사람만이 보여줄 수 있는 언어도단(言語道斷), 그러한 선사들의 번득이는 경지의 마음을 따라가면서 「팔공산 중암암」, 「봉정사 만세루」 등의 시를 썼는데, 이 또한 구업(口業)을 짓는 일은 아닌지 모르겠다.

*

두 번째로 펴내는 시집 『고양이별에게』의 제목도 그렇고, 나의 시 여기저기에서 "냐옹" 하면서 고양이가 자주 등장한다. 그러니, 모르는 척하고 그냥 지나갈 수는 없을 것이다.

나는 고양이에 대해 아는 게 하나도 없었고 관심도 또한 없었다. 고양이를 기르고 싶다고 고3 진급을 앞둔 딸아이가 말하기 전까지는. 그러다 어찌어찌하여 아기고양이 한 마리를 입양하게 되었고, 나는 고양이 집사가 되었다. 개는 주인에게 충직하지만, 고양이는 제멋대로이다. 길들여지지 않는 야생성을 아직도 지니고 있다. 그러므로 결국은 길들이기를 포기하고 사람이 고양이를 받들어 모실 수밖에 없다.

  요놈의 고양이가 사람의 혼을 쏙 빼앗는 묘한 매력을 지닌 '요물'이라서, 사람들은 자신도 모르는 사이에 맛있는 간식을 바치며 자발적으로 집사가 되는 것이다. 외계인이 지구를 정복하기 위해 고양이를 스파이로 보냈다는 '고양이 외계인설'도 있지 않은가.

  쥐 잡을 일도 없고 그저 먹고 자고 놀기만 하는 이 고양이들을 위해 무상주보시(無相住布施)하면서 누리는 기쁨은 고양이 집사 된 자만이 느낄 수 있는 즐거움이 아닐까 한다.

  고양이를 얻고 또 잃으면서 몇 편의 시를 썼다. 「고양이별에게」, 「아기고양이 한 마리의 무게」, 「묘보살 열반상」의 시편들이다. 「묘보살 열반상」은 로드킬 당한 길고양이들을 위한 레퀴엠이다. 인생도 묘생(猫生)도 시절인연을 따라 회자정리(會者定離)하므로, 이 녀석들을 떠나보내는 아픔도 겪어야 한다. 광장 여기저기서 평화롭게 햇볕을 쬐고 있는 외국의 길고양이들과는 달리, 우리나라 길고양이들은 멀리서 사람 발소리만 들려도 줄행

랑을 놓는다. 가슴 아픈 현실이다. 길고양이도 고양이다. 생명이다. 부처다. 어쨌든, 고양이는 요물이다.

　*

　농아(聾啞) 소녀의 눈빛을 닮은 시를 써야겠다고 마음먹었던 적이 있었다. 한 소식 들어 보겠다고 호기를 부리던 철부지 시절의 일이다. 무엇 하나 이루지 못해도 그리 서운할 것 없어서 마음이 편안한 요즘, 시는 어쩌면 묵음(默音) 같은 것이 아닐까 하는 생각을 나는 종종한다. 분명히 있지만, 없는 듯한 것 말이다.
　묵음에 대해 어떤 이는 이렇게 말한다. 원래는 발음을 하였지만, 사람들이 소리를 내지 않다 보니 묵음이 된 것이라고. 그러나, 나는 달리 생각한다. 묵음은 사실 지금도 발음되고 있다고. 다만 우리의 냉정한 귀에 그리고 가슴에 들리지 않을 뿐이라고. 그러니, 제발 그 이어폰 좀 빼고 귀 기울여 보라. 그러면 들릴 것이다.

　*

　눈 쌓인 장독대에서 김치 익어가는 소리, 봄볕 아래 새근새근 잠든 아기고양이의 수염 떨리는 소리, 풍경이 떨어져나간 오래된 처마 끝에서 느닷없이 들려오는 댕그렁 소리가 그대 마음 울리는 소리 아니겠는가.

*

　없는 듯이 있는 이 소리들을 주워 모아 아름답게, 최대한 아름답게 발음하는 것이 시인의 책무가 아닐까? 〈여름날/이른 아침부터/매미가 운다/그 소리/쨍쨍하다//득음했구나〉(「명창」 전문) 제대로 소리 내면 그게 바로 득음(得音) 아니겠는가.

　갈바람이 분다고 귀뚜라미 명창들이 노래한다. 거칠거칠한 그 소리 사이사이 묵음과 득음이 배음으로 깔려 있다. 그 소리에 귀 기울이며 그 소리를 따라 함께 노래 부르노라면 밤하늘에는 별들이 쏟아지고, 나는 오늘도 숨 막힐 듯 애잔하고 황홀한 밤이 되리라.

만인시인선 81
고양이별에게

초판 인쇄 2023년 10월 30일
초판 발행 2023년 11월 6일

지은이 / 변 준 석
펴낸이 / 박 진 환

펴낸 곳 / 만인사
출판등록 / 1996년 4월 20일 제03-01-306호
주소 / 41960 대구광역시 중구 명륜로 116
전화 / (053)422-0550
팩스 / (053)426-9543
전자우편 / maninsa@daum.net
홈페이지 / www.maninsa.co.kr

ⓒ 변준석, 2023

ISBN 978-89-6349-182-0 03810

값 12,000원

* 이 책의 내용의 전부나 일부를 사용하려면 반드시 저작권자나 만인사 양측의
  동의를 받아야 합니다.

만/인/시/인/선

1. **이하석** 시집 | 高靈을 그리다
2. **박주일** 시집 | 물빛, 그 영원
3. **이동순** 시집 | 기차는 달린다
4. **박진형** 시집 | 풀밭의 담론
5. **이정환** 시집 | 원에 관하여
6. **김선굉** 시집 | 철학하는 엘리베이터
7. **박기섭** 시집 | 하늘에 밑줄이나 긋고
8. **오늘의 시 동인** | 「오늘의 시」 자선집
9. **권국명** 시집 | 으능나무 금빛 몸
10. **문무학** 시집 | 풀을 읽다
11. **황명자** 시집 | 귀단지
12. **조두섭** 시집 | 망치로 고요를 펴다
13. **윤희수** 시집 | 풍경의 틈
14. **장하빈** 시집 | 비, 혹은 얼룩말
15. **이종문** 시집 | 봄날도 환한 봄날
16. **박상옥** 시집 | 허전한 인사
17. **박진형** 시집 | 너를 숨쉰다
18. **정유정** 시집 | 보석을 사면 캄캄해진다
19. **송진환** 시집 | 조롱당하다
20. **권국명** 시집 | 초록 교신
21. **김기연** 시집 | 소리에 젖다
22. **송광순** 시집 | 나는 목수다
23. **김세진** 시집 | 점자블록
24. **박상봉** 시집 | 카페 물땡땡
25. **조행자** 시집 | 지금은 3시
26. **박기섭** 시집 | 엮음 愁心歌
27. **제이슨** 시집 | 테이블 전쟁
28. **김현옥** 시집 | 언더그라운드
29. **노태맹** 시집 | 푸른 염소를 부르다
30. **이하석 외** | 오리 시집
31. **이정환** 시집 | 분홍 물갈퀴
32. **김선굉** 시집 | 나는 오리 할아버지
33. **이경임** 시집 | 프리지아 칸타타
34. **권세홍** 시집 | 능소화 붉은 집
35. **이숙경** 시집 | 파두
36. **이익주** 시집 | 달빛 환상
37. **김현옥** 시집 | 니르바나 카페
38. **도광의** 시집 | 하양의 강물
39. **박진형** 시집 | 풀등
40. **박정남 외** | 대구여성시 20인선집